公式テキストブック

DVD付き

AYAトレの教科書

AYA

講談社

INTRODUCTION
はじめに

　ミュージシャンのライブに行くように、ワークアウトのライブでみんな一緒になって汗を流し、フィットネスの楽しさを感じてもらえたら。そんな思いで、私は2018年、全国4都市でワークアウトライブツアーを行いました。どのライブでも、気持ちよさそうにカラダを動かす多くの方の笑顔と出会えて、日本でもフィットネスの人気が根づいてきていることを感じます。

　2019年も引き続きこのワークアウトライブツアーを行います。この本では、ワークアウトライブで実演するプログラムをすべてご紹介。これをやっておけばライブに向けて準備万端！　というテキストブックにしました。もちろん、ライブに参加できない方にとっても、同じプログラムを自宅で一人でも実践できる一冊になります。

　今回は、10のワークアウトプログラムにひとつひとつに、名前とオリジナルミュージックをつけました。トライしていただくと、自然と気分が上がるプログラムや、反対に苦手なプログラムがあるかもしれません。「全然できない！」という場合も、がっかりしないでください。最初はできなくても当たり前。何回トライしてもいいのです。私自身、「昨日の限界を今日は超えよう」と努力し続けています。

　またこの本は、AYAトレにこれからチャレンジしていただく方のために、腕立て、腹筋、スクワットという、基礎トレからスタートできるようにしています。どんなワークアウトもここが基本。すでにトレーニング習慣がある方も、あらためて基本ができているかをチェックしてみてください。

　運動はけっして特別な人のためのものではなく、みなさんの生活の中に、衣食住と同じようにあるものであってほしい。この本が、私の夢"日本総フィットネス化計画"に向けての教科書となりますように。

CONTENTS

目次

はじめに	2
DVDの使い方	5

AYAトレの基本

AYAトレのルール10	4
3大ワークアウトの基本をマスター	11

AYAトレ スペシャル・プログラム10

AYAトレプログラムの見方		22
WOD1	PASSION	24
WOD2	SHOW TIME☆	28
WOD3	JUMPIN'!	32
WOD4	BREAK IT	36
WOD5	LOCK ON!	40
WOD6	GO FOR IT!	44
WOD7	BEST OF YOU	46
WOD8	WONDER WOMAN	50
WOD9	SURVIVAL	54
WOD10	STRONGER	58

MESSAGE from AYA	62

DVDの使い方

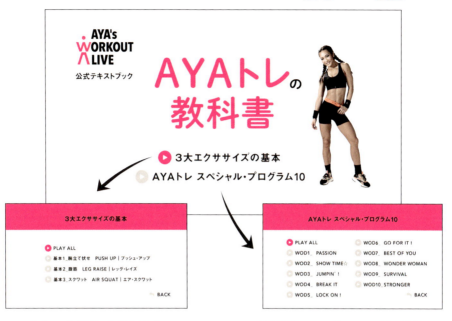

DVDメニュー画面

3大エクササイズの基本
この本のp.12〜17の3つのエクササイズをひとつずつ再生できます。

AYAトレ スペシャル・プログラム10
この本のp.24〜61の10のトレーニングプログラムをひとつずつ再生できます。

必ずお読みください

●本書は、健康な成人を対象に作製しています。エクササイズの途中で体調が悪くなったり、痛みが生じた場合は、一旦中止して専門医にご相談ください。●体調に不安のある方や、持病がある方は、必ず医師の許可を得てからエクササイズを行ってください。

DVD-Videoについての注意事項

◎DVDは赤いリボンから開封して取り出してください。台紙ごと取り外さないでください。
◎DVD-Videoとは、映像と音声を高密度に記録したディスクです。DVD-Video対応プレーヤーで再生してください。DVDドライブ付きPCやゲーム機などの一部の機種で、再生できない場合があります。
◎再生上の詳しい取り扱いについては、ご使用になるプレーヤーの取扱説明書をご覧ください。再生上に生じたご不明点は、プレーヤーの製造メーカーにお問い合わせください。
◎このディスクは特定の国や地域のみで再生できるように作製されています。したがって、販売対象として表示されている国や地域以外で使用することはできません。各種機能についての操作方法は、お手持ちのプレーヤーの取扱説明書をご覧ください。
◎このタイトルは、16：9画面サイズで収録されています。
◎このディスクは家庭内観賞用にのみご使用ください。このディスクに収録されているものの一部でも無断で複製（異なるテレビジョン方式を含む）・改変・転売・転貸・上映・放送（有線・無線）することは禁止されており、違反した場合、民事上の制裁および刑事罰の対象となることもあります。

100min ／ 片面一層 ／ COLOR ／ MPEG2 ／ 複製不能

取り扱い上のご注意

◎ディスクは両面とも、指紋、汚れ、傷などをつけないように取り扱ってください。また、ディスクに対して大きな負荷がかかると微小な反りが生じ、データの読み取りに支障をきたす場合もありますのでご注意ください。
◎ディスクが汚れたときは、メガネ拭きのような柔らかい布を軽く水で湿らせ、内側から外側に向かって放射状に軽く拭き取ってください。レコード用クリーナーや溶剤などは使用しないでください。
◎ディスクは両面とも、鉛筆、ボールペン、油性ペンなどで文字や絵を書いたり、シールなどを添付しないでください。
◎ひび割れや変形、または接着剤などで補修されたディスクは、危険ですから絶対に使用しないでください。また静電気防止剤やスプレーなどの使用は、ひび割れの原因となることがあります。

保管上のご注意

◎使用後は、必ずプレーヤーから取り出し、付属のシートに収めて、直射日光の当たる場所や自動車の中など高温多湿の場所は避けて保管してください。

視聴の際のご注意

◎明るい場所で、なるべくテレビ画面より離れてご覧ください。長時間続けての視聴は避け、適度に休憩をとってください。

HOW TO MAKE AYA BODY

AYAトレの基本

さあ、これから一緒にAYAトレを始めましょう。
その前に、あなたの目的は何でしょうか？
気になる脂肪を落とすため？
鍛えられたカッコいいボディを手に入れるため？
運動不足を解消して、体力をつけるため？
いずれにせよ、やるからには、しっかり効果を出したいですよね？
そこで、AYAトレを楽しんで続けるために必要な準備と心構え、
そして基本のワークアウトの正しいメソッドをまとめました。

AYAトレのルール10

そもそもAYAトレとは？ AYAトレで効果を出すためには？
キツすぎたらどうしたらいい？――そんな疑問に答えます。
このルールを身につける頃には、みなさんのカラダにも変化が現れているはず！

RULE 1

有酸素運動×
無酸素運動（筋トレ）のミックス

いわゆる筋トレは無酸素運動で、これのばかりではただ筋肉が大きくなるだけ。美筋メイクできる筋トレに、脂肪燃焼を促す有酸素運動を組み合わせて、さまざまなバリエーションを提案しているのがAYAトレです。ジャンプ系の有酸素運動を家でできない、という人は、ランニングに置き換えてもOK。私も、女性らしいしなやかな筋肉をキープするために、ハードなウエイトトレーニング（筋トレ）のあとは、ランニング（有酸素運動）をするようにしています。

RULE 2

毎回、違うメニュー

CrossFitは、動きの組み合わせによってメニューが変わるのが大きな特徴。この本でご紹介する10のワークアウトメニューはそれぞれ、有酸素運動と筋トレを2～5種目組み合わせて作成しています。毎回飽きずに続けられるはず。

RULE 3

正しいフォームで行う

せっかくトレーニングをするのだから、最大限の効果を上げたいですよね？効果を上げるためにもっとも重要なのは、正しく行うこと。正しいフォームで行ってこそ、故障せずに続けられます。腕立て伏せや腹筋など、やったことがあったり簡単そうに見えたりするものこそ、基本がおろそかになりがち。初心者はもちろん経験者も、この本やDVDで、腕や脚、重心の位置は正しいか、フォームをひとつひとつチェックしながら行ってください。とくに、腕立て伏せ、腹筋、スクワットという定番エクササイズは、11ページから基本を解説しています。

RULE 4

ダラダラしないで限界に挑戦

ダラダラやっても、効果は一向に上がりません。この本でご紹介するのは、1回6分間から、いちばんハードで12分間のワークアウトプログラム。一気に集中して、持っているMAXの力を出し切って。できたらカラダが寝る準備に入る夜は避けてほしいですが、やれるときに続けることがいちばん！

RULE 5

ウェアとシューズは動きやすいものを選ぶ

ゆったりしたリラックスウェアではなく、動きを妨げないフィット感のあるウェアで。また、滑りやすくなるのでソックスではなく、裸足かワークアウト用シューズで行ってください。

RULE 6

ストップウォッチ、タオル、水を用意

時間指定をしているワークアウトプログラムがありますので、ストップウォッチを用意しましょう。スマホの時計機能や無料アプリで代替できます。仰向けになるワークアウトもあるのでマットがあるとベターですが、ない場合はタオルをしいても。汗をかくので水分補給を忘れずに。

RULE 7

ウォームアップのストレッチを忘れずに

私自身トレーニング前に欠かさないのは、ウォームアップのストレッチ。ストレッチの役割は、筋肉を温めて関節の可動域を広げること。パフォーマンスを上げるためにも、故障の予防のためにも、運動前のストレッチはとても重要。私が行っているウォームアップストレッチは、既刊の著書『AYAボディメソッドBASIC』でご紹介していますので、参考にしてみてください。

RULE 8
キツすぎると感じたらムリせずに

この本のワークアウトプログラムが「キツすぎる！」と感じる方もいらっしゃるかもしれません。最初は誰でもそうなので大丈夫。時間の指定があるエクササイズは、自分のペースで。回数の指定があるエクササイズが、キツくてどうしてもできない場合は、回数を減らしてもよいので、プログラムを最後まで続けてみて。DVDを見ながらAYAのペースで一緒に行うとキツいという人も、自分のペースにダウンしましょう。ムリせず続けて、運動を習慣にすることが肝心！　同じプログラムにまたトライしてみて、少しでも回数を増やせたり、余裕をもって終われたら、成長できている証拠です。

RULE 9
体重は気にしない

私自身は体重という"数字"は気にしません。トレーニングで筋肉がつけば、そのぶん体重が増えるのは当たり前だからです。見た目が引き締まってきたのに体重が増えているのだとしたら「筋肉量が増えている＝燃焼するボディに近づいている」とむしろ喜ぶべき。筋肉量を測れる体組成計を持っていたら、チェックしてみるのもいいかもしれません。何より「この体重以下にしなければ」という数字の呪縛から解き放たれて、笑顔でワークアウトする人が増えてほしい。

RULE 10
食事でしっかり
美筋を育てる栄養素を摂る

食べる量を減らすダイエットは、カラダをつくるのに必要な栄養を奪ってしまうので論外です。ビタミンやミネラル豊富な野菜をたっぷり食べるのはもちろん、とくにトレーニングをするなら、筋肉の材料になるたんぱく質をお肉や魚介類、卵や豆からしっかり摂ることが大事。筋肉量がアップすれば、脂肪の燃焼しやすいカラダを手に入れられます。カロリーを気にして油を控える方がいますが、油抜きは肌の乾燥や便秘のモトなので美容の大敵。オリーブオイルやココナッツオイルなどからだけでなく、魚に含まれるフィッシュオイルやナッツなどからも良質な脂質を摂るようにします。

"あなたは自分が何をすべきなのか、もう気づいているはず。ただアクションを起こすだけ"

Bra Top, Shorts, Socks, Shoes &Wristband：Reebok

BASIC  EXERCISES

3大エクササイズの基本をマスター

腕立て、腹筋、スクワット。これら3種目は、誰もが行ったことがある
基礎トレだと思います。けれど、正しいフォームで実践できているでしょうか？
使うべき筋肉を意識して使えていなければ効果は現れにくいし、
ケガのもとにもなります。反対に、ベーシックなエクササイズとはいえ、
きちんと実践できれば、高い運動効果を発揮してくれます。
初心者はもちろん、運動が習慣になっている人も、あらためて
基本をチェックしてみましょう。これから始めるAYAトレのプログラムにも、
さまざまなバリエーションで取り入れていますので、まずはここからスタート！

> DVDをチェック!

基本のエクササイズ #1

腕立て伏せ

PUSH UP | プッシュ・アップ

子どもの頃からなじみのある運動といえば、腕立て伏せ。
けれど、きちんとできている人は、意外と少ないもの。
正しいフォームで実践できれば、背中や二の腕が引き締まり、
デコルテ(大胸筋)にハリも。腕立ての動きは、多くのバリエーションで
AYAトレのプログラムに登場しますので、必ずマスターしてください。
スピードよりも、ゆっくり丁寧に行うことを心がけて。

目標
10回 × 3セット

1

カラダを一直線に

手を床につき、つま先を立てて、
カラダを一直線に伸ばす。

POINT
お腹が落ちないように。

POINT
手は肩の真下に、
指先は正面に向けてつく。

BASIC 3 EXERCISES

脇をしっかり締めて、
ひじは後ろに引く。

腕が横に開くと、
肩やひじを痛めるので注意。

手のつく位置が、肩の真下でなく
前に出たりすると効果減。

POINT
ひじは横ではなく
後ろに引く。

POINT
胸は床にべったり
つけてOK。

POINT
腰が反ると痛めるので、
お腹の力で支える。

2 ひじを引く

脇を締めたままひじを引き、
胸を床につける。

3 ひじを伸ばす

手のひらで床を押し、ひじを伸ばして
お腹の奥を引き上げ、❶に戻る。

基本のエクササイズ #2

腹筋

LEG RAISE｜レッグ・レイズ

腹筋運動も、トレーニングの基本中の基本。
誰もがよく知る腹筋運動は、仰向けになって上体を起こす
"シット・アップ"でしょう。ただし、シット・アップは
腹筋をきちんと使えないと腰に負担をかける恐れがあるので、
まずはこのレッグ・レイズをマスターしましょう。
仰向けになって上げた脚を徐々に下ろしていくことで、
お腹のコアの筋肉をしっかり鍛えられます。

目標
10回 × 3セット

POINT
手のひらは下向きにして、
お尻の下に置く。

1

仰向けになる
脚を伸ばして床に仰向けになる。

DVDをチェック！

基本のエクササイズ #3

スクワット

AIR SQUAT ｜ エア・スクワット

正しく行うと下半身の大きい筋肉を使うことができるため、
効率よく筋肉量をアップさせられる自宅トレの代表格。
最近では「痩せやすいカラダ」が手に入ると注目されています。
TVを見ながらなどでもできるので、気楽に取り組んでしまいがちですが、
きちんと筋肉に「効かせる」には、いくつかのポイントが。
しっかりチェックしましょう。

目標
10回 × 3セット

1 立つ
肩幅に足を開いて立つ。

2 お尻を突き出す
ややお尻を突き出す。

POINT
視線は指先に。

3 腕を上げる
手を斜め上に上げて、
さらにお尻を突き出していく。

16   BASIC 3 EXERCISES

NG しゃがんだとき、背中は丸めない。

NG お尻が膝より高いと効果ナシ。

NG つま先立ちにならないように。

4 お尻を落とす
そのままどんどんお尻を落とし、膝の高さより下までしゃがむ。

POINT
お尻は膝より下まで落とす。

POINT
膝はつま先より前に出ない。

POINT
重心はかかとに。

5 立ち上がる
かかとで床を押して立ち上がり、繰り返す。

17

〝あなたがあなたである理由。
他の人は誰もあなたになれないということ。
自分にしかない「魅力」に
もっと火を付けるだけ〟

Swimsuits:DIESEL
Jacket:JUUN.J
Sun visor:Dior

AYA's WORKOUT LIVE SPECIAL PROGRAM

AYAトレ スペシャル・プログラム10

ここからいよいよAYAトレ スペシャル・プログラムのはじまりです。
10のWOD（Workout Of the Day）を用意しました。
繰り返しますが、最初はキツくてできなくても当たり前です。
設定時間や回数をクリアできなくても、翌日の筋肉痛がつらくてもくじけないで！
WOD①から⑩までだんだんハードになっていくので、
ひとつのプログラムがクリアできるまでじっくり取り組んでも、
飽きないように毎日違うプログラムにチャレンジしていってもかまいません。
自分のペースで、少しずつ成長していく自分を楽しんでください。

AYAトレプログラムの見方

AYAトレは、基本的に、有酸素運動（Cardio）と筋トレ（Workout）数種目ずつの組み合わせ。
ただし、プログラムごとに種目を行う回数、時間の指定が異なるので、
右ページのマークの見方も参考にしてチャレンジ！

A WOD
"Workout of the Day（この日のワークアウト）"の略。10のワークアウトプログラムを用意しました。10日間で終わり、ではなく、繰り返しチャレンジすることをおすすめします。

B PROGRAM
この日のプログラムの内容です。複数の種目の組み合わせ方、回数、時間が指示されています。マークの見方は右ページを参照してください。

C AYA's MEMO
この日のプログラムの内容を詳しく解説していますので、参考にしてみてください。

D Cardio | 有酸素
この日のプログラムのうち、有酸素運動の内容、回数あるいは時間が指示されています。

E Workout | 筋トレ
この日のプログラムのうち、筋トレの内容、回数あるいは時間が指示されています。ターゲットにしているパーツも示されているので、とくにその箇所の筋肉を使っていることを意識しながら動いてみましょう。

F SCALE DOWN
指定の種目がキツすぎる、という方は、レベルダウンさせたこちらの種目で行ってみましょう。慣れてきたら、元の種目でチャレンジ！

プログラムのマークの見方

REPS

指定回数繰り返す（＝repeat）。「10REPS」とあったら、10回繰り返し。

rounds of :

指定のエクササイズの組み合わせを指定回数繰り返す。「3 rounds of:」とあったら、指定のエクササイズのセットを3回繰り返し。

AMRAP

指定の時間でできる限りの回数（＝as many rounds as possible）行う。「3min AMRAP」とあったら、3分でできる限りの回数を行う。

EMOM

Every Minute On Minuteの意味。1分以内に指定の種目を終わらせて、残った時間は休憩。つまり、早く終えるほど休憩時間を増やせるということ。

Time Cap

制限時間の意味。指定の分数以内にプログラムを終えることを目指しましょう。終えられなかったら次回チャレンジするときは、もっと速くできることを目標に！

sec　min

指定の種目を指定の秒数、あるいは分数行う、あるいは休憩。「30sec」とあったら30秒間、「1min」とあったら1分間。

Rest

休憩。「15sec Rest」とあったら15秒休憩。「2min Rest」とあったら2分休憩。

Sets

指定エクササイズを指定回数ずつ行って1セットとする。Cardio A＋Workout Bそれぞれ「30－20－10」のSetsは、AとBそれぞれ30回ずつで1セット→20回ずつで1セット→10回ずつで1セット。Cardio A＋Workout B「2-4-6」のSetsは、AとBそれぞれ2回ずつで1セット→AとBそれぞれ4回ずつで1セット→AとBそれぞれ6回ずつで1セット。

2 Rounds of : 4min AMRAP + 2min Rest

DVDをチェック！

WOD ❶

PASSION

Cardio | 有酸素
BUTT KICK | バット・キック　　　　**40 REPS**

リズミカルにヒップをキック、キック、キック！

POINT
タッチできなければ、
かかとをお尻に
近づけるだけでもOK.

1. 両手を腰に当てて まっすぐ立つ。
2. 片足で軽く跳ねながら 反対足かかとでお尻をタッチ。
3. 反対も同様に。これを繰り返す。右で1回、左で1回とカウント。

AYA's MEMO

バット・キック、ロック・クライマー、スター・ジャンプ、バーピーの4種目を指定回数ずつ順番に4分間、できる限り繰り返して2分間休憩。その後、またもう1ラウンド4分間。最初はゆっくり自分のペースで行ってみましょう。できた回数をカウントしておいて、次に行うときは、1ラウンドにできる回数を少しでも増やせるようチャレンジ！

Cardio｜有酸素
ROCK CLIMBER｜ロック・クライマー

30 REPS

岩を大きく駆け上がるイメージで

POINT
指先は内向きにせず、やや外側に向けて。

POINT
脇は締めて、ひじは外に開かないこと。

① 腕立ての姿勢からスタート。手は肩の真下で、顔は正面を向く。

② 弾みをつけて右足で軽く床を蹴って膝を前に出し、ひじとつくくらいの位置で着地。これで1回とカウント。

③ 右足を戻すと同時に左膝を前に出して脚を入れ替える。これで2回とカウント。リズミカルに繰り返す。

NG
手をつく位置が、肩より前に出たり、肩幅より広いと効果減。

SCALE DOWN

MOUNTAIN CLIMBER｜マウンテン・クライマー
山を小走りで上がるイメージで

①腕立ての姿勢からスタート。手は肩の真下で、顔は正面を向く。②弾みをつけて右足で軽く床を蹴って膝を前に出し着地。これで1回とカウント。③右足を戻すと同時に左膝を前に出して脚を入れ替える。これで2回とカウント。リズミカルに繰り返す。

Cardio｜有酸素
STAR JUMP｜スター・ジャンプ

20 REPS

必要なのは、高く跳ぶことよりリズム感

1 足同士をつけてまっすぐ立つ。両手は太ももの横に。

2 ひじを曲げ手のひらを正面に向けて上げるのと同時に、脚を開きながら小さくジャンプして着地。

POINT 両足は、肩幅よりやや広く開く。

POINT 前かがみにならないように。

3 小さく跳んで❶の基本姿勢に戻り、ふたたびジャンプ。

WOD ❶ / PASSION

Cardio ｜ 有酸素
BURPEE ｜ バーピー

10 REPS　　**2 min Rest**

腕立て＋ジャンプの全身運動

① 両足を肩幅に開きまっすぐ立つ。
② 膝を曲げて、両手を肩幅で床につく。**指先は内向きではなく正面に向ける。**
③ 両足で床を軽く蹴り、揃えて後ろに伸ばす。
④ ひじを引き、胸を床に。
⑤ 両腕の力を使ってカラダを押し上げる。
⑥ 手をついたまま軽く床を蹴り両膝を前に。両足を開いて両手の手前で着地。
⑦ 立ち上がり、両手を上げてジャンプ。

NG
④でひじが外側を向かないように、脇をしっかり締めること。

SCALE DOWN
HALF BURPEE ｜ ハーフ・バーピー
ジャンプと腕立て伏せなしのバーピー

①両足を肩幅に開きまっすぐ立つ。②膝を曲げて前かがみになり、両手を肩幅で床につく。③手はそのまま、両足で床を軽く蹴り、揃えて後ろに伸ばす。④手をついたまま軽く床を蹴り両膝を前に。両足を開いて両手の手前で着地。⑤立ち上がり、両手を頭の上で合わせる。

4 Rounds of : 30 sec On / 15 sec Rest

DVDをチェック！

WOD ❷
SHOW TIME ★

Work Out | 筋トレ ▶ 脚＆ヒップ
JUMPING JACK | ジャンピング・ジャック

30 sec ▶ **15** sec Rest ▶

あわてずに腰はしっかり落とすこと

OK
着地時、前かがみにならず、上体は起こす。

POINT
つま先と膝は外向き。

❶ 手を股関節のあたりに添え、まっすぐ立つ。

❷ ジャンプして開脚して着地。深く腰を落とす。

NG
着地時に前かがみにならないように。

NG
着地時に腰は、膝の高さまでしっかり落とすこと。

❸ 軸がブレないようにジャンプして❶に戻る。

28　AYA's WORKOUT LIVE SPECIAL PROGRAM

AYA's MEMO　3種目を30秒ずつ、間に15秒の休憩をはさみながら続けましょう。これを4ラウンド繰り返して。ジャンピング・ジャックでは深く腰を落とせていますか？ ツイスト・アップでは上体をしっかり起こせていますか？ スプリット・タック・プッシュ・アップではひじは開いていないですか？ ひとつひとつのフォームを丁寧に行いましょう。

Workout｜筋トレ▶腹筋&ウエスト
TWIST UP｜ツイスト・アップ

30sec　**15**sec Rest

下腹部を使ってできる限りアップ！

POINT 頭をこぶし1つ分上げる。

POINT つま先にタッチできなくても、ギリギリまで起き上がって。

① 仰向けで、両手は頭の下。両脚を90°に上げ、視線はつま先に。

② 上体を起こしながらひねり、右手で左のつま先をタッチ。これで1回とカウント。

③ ❶の姿勢に戻る。

④ 今度は左手で右のつま先をタッチ。これで2回とカウント。

"悩むかどうかは、あなたの「心」の問題。自分に正直でいて。それが成功のカギなんだから"

Swimsuits_DIESEL
Jacket_JUUN.J
Shoes_ZARA
Sun visor_Dior

4 Rounds of： Time Cap：6 min

DVDをチェック！

WOD ❸

JUMPIN'!

Workout ｜ 筋トレ ▶ 脚＆ヒップ
JUMPING SQUAT ｜ ジャンピング・スクワット
10 REPS

リズミカルにジャンプ＆スクワットを繰り返して

❶ 肩幅に足を開いて直立。手は自然な位置に。

❷ 軽く膝を曲げて勢いをつけてジャンプ。

❸ スクワットの体勢で着地し、❷から繰り返す。**膝はつま先より前に出ない。**

SCALE DOWN

AIR SQUAT ｜ エア・スクワット
ジャンプなしで負荷をダウン

FRONT

①肩幅に足を開き、ややお尻を突き出すように立つ。
②手を斜め上に上げて、さらにお尻を突き出していく。
③どんどんお尻を落とし、膝の高さより下にくるまでしゃがむ。

AYA's MEMO

ジャンピング・スクワット、タック・プッシュ・アップ、ジャンピング・ランジ、スプリット・プッシュ・アップの4種目、それぞれ指定回数のセットを4ラウンド。6分の制限時間です。ジャンプ系の種目ばかり集めたので運動強度が上がり、息が上がってキツいかもしれません。そのときは、提案しているスケールダウンの種目に替えて行ってみましょう。

Work Out ｜ 筋トレ ▶ 二の腕&背中
TUCK PUSH UP ｜ タック・プッシュ・アップ

5 REPS

腕立てに脚の曲げ伸ばしをMIX

① 腕立ての体勢。手は肩の真下。**指先は内向きではなく正面に向ける。**

② 手をついたまま床を軽く蹴って膝を曲げる。

③ 床を蹴り、脚を伸ばして①の姿勢に戻る。

④ 脇を締めたままひじを引き、床に胸をつける。**ひじは横に開かないこと。**

⑤ 腕でカラダを押し上げ、①に戻り繰り返す。

SCALE DOWN

PUSH UP ｜ プッシュ・アップ
腕立て伏せだけで負荷をダウン

① 腕立ての姿勢に。手をつく位置は、肩の真下。
② 脇を締めたままひじを引き、胸を床につける。
③ ①に戻る。腹筋を使い、カラダを一直線に！

Work Out ｜ 筋トレ ▶ 脚&ヒップ

JUMPING LUNGE ｜ ジャンピング・ランジ

10 REPS

深く沈みこんでジャンプ！

① 両手を腰に当て、まっすぐ立つ。
② 脚を前後に開脚しながらジャンプ。
③ 腰を落として着地。後ろ脚の膝を床につける。**前脚の膝はつま先より前に出ない。**
④ 床を足で押して立ち上がりながらジャンプ。
⑤ 前後の脚を入れ替えて着地。

NG 後ろ脚の膝が床につくよう深く沈む。

NG 着地時は前かがみも後傾もしない。

SCALE DOWN

LUNGE ｜ ランジ
ジャンプなしの基本のランジで負荷をダウン

① 両手を腰に当ててまっすぐ立つ。② 右足を大きく前に踏み出して曲げ、左膝は床につける。③ 右足を元の位置に戻し、①の姿勢に戻る。④ 左足を大きく前に踏み出して膝を曲げ、右膝は床につける。⑤ 左足を元の位置に戻し、①の姿勢に戻る。右で1回、左で1回とカウント。

WOD ❸ / JUMPIN'!

Work Out | 筋トレ ▶ 二の腕&背中
SPLIT PUSH UP | スプリット・プッシュ・アップ

5 REPS

脚を開いて閉じる腕立てのバリエーション

1. 腕立ての体勢に。手の位置は肩の真下。**指先は内側ではなく正面に向ける。**
2. 手をついたまま軽く跳び、両脚を一気に開く。
3. また軽く跳んで、両脚を閉じて❶に戻る。**腰が反らないように。**
4. 脇を締めたままひじを曲げ、床に胸をつける。
5. 腕でカラダを押し上げ、❶に戻り繰り返す。

NG ❹でひじが外側を向かないように、脇をしっかり締めること。

SCALE DOWN

PUSH UP | プッシュ・アップ
基本の腕立て運動で負荷をダウン

① 腕立ての姿勢に。手をつく位置は、肩の真下。
② 脇を締めたままひじを引き、胸を床につける。
③ ①に戻る。腹筋を使い、カラダを一直線に！

⚙ SETS **50-40-30-20-10** ⏱ Time Cap：**7** min

BREAK IT

Cardio | 有酸素
MOUNTAIN CLIMBER｜マウンテン・クライマー

両足を素早くスイッチ!

> **POINT**
> 指先は内向きではなく、
> やや外側を向く。

> **POINT**
> 脇を締めて、
> ひじが開かないように。

① 腕立ての姿勢からスタート。手は肩の真下で、顔は正面を向く。

② 弾みをつけて右足で軽く床を蹴って膝を前に出し着地。これで1回とカウント。

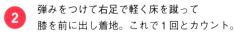

③ 右足を戻すと同時に左膝を前に出して脚を入れ替える。これで2回とカウント。リズミカルに繰り返す。

NG

手をつく位置が、肩より前に出たり、肩幅より広いと効果減。

AYA's MEMO 制限時間は7分間。マウンテン・クライマーとアブ・バイク2種目のセットをそれぞれ50回ずつ、40回ずつ、30回ずつ……と行いましょう。制限時間内に10回ずつまで辿り着けるように。できなかったらまたチャレンジ！ もし時間内に終わって余裕があったら、最初から繰り返して。

Workout ｜筋トレ▶腹筋&ウエスト
AB BIKE｜アブ・バイク

空中で自転車を漕ぐように、もも上げ&ウエストひねり

1 仰向けになり、両手を耳のあたりに置く。

POINT 頭ではなく下腹部から上体を起こすこと。

2 腹筋を使って上体を起こして右にひねりながら、右ひざと左ひじを近づける。左足は床から浮かせたまま。これで1回とカウント。

POINT 自転車を漕ぐようにリズミカルに左右をスイッチ。

3 今度は上体を左にひねりながら右脚を伸ばし、左ひざと右ひじを近づける。右足は床から浮かせたまま。これで2回とカウント。

SETS **10-9-8-7-6-5-4-3-2-1**　　Time Cap：**7 min**

DVDをチェック！

WOD ❺

LOCK ON!

Workout｜筋トレ ▶ 脚&ヒップ
JUMPING SQUAT｜ジャンピング・スクワット

スクワットに、ジャンプによる負荷をプラス

❶ 肩幅に足を開いて直立。手は自然な位置に。

POINT
膝はつま先より前に出ない。

❷ 軽く膝を曲げて勢いをつけてジャンプ。

❸ スクワットの体勢で着地し、❷から繰り返す。

NG
前かがみにならず、上半身はまっすぐに。

NG
着地時、腰が反らないよう注意！

NG
つま先に重心をかけない。かかとで支える。

AYA's MEMO

制限時間は7分間。ジャンピング・スクワット、ライイング・ニー・レイズ、プッシュ・アップの3種目のセットをそれぞれまずは10回ずつ。さらに9回ずつ、8回ずつ、7回ずつ……と行っていって、制限時間内1回ずつまで辿り着けるように。できなかったらまたチャレンジ！

Workout | 筋トレ ▶ 腹筋&ウエスト
LYING KNEE RAISE | ライイング・ニー・レイズ

負荷の高い腹筋運動

① 仰向けになり、両手は頭の上に。

POINT 頭ではなく、下腹部を使ってカラダを折りたたむ。

② 両手のひらを内側に向け、反動を使って上体を起こすと同時に膝を持ち上げる。

③ さらに下腹を縮めるようにして背中を丸め、膝を胸に近づけて、両手をかかとのほうへ伸ばす。

④ 両腕、両脚を下ろして、床から少し浮かせた状態で1〜2秒キープ。②に戻って繰り返す。

WOD❺ / LOCK ON！

Workout ｜筋トレ▶二の腕&背中
PUSH UP ｜プッシュ・アップ

正しい腕立てでキレイなデコルテと背中をつくる

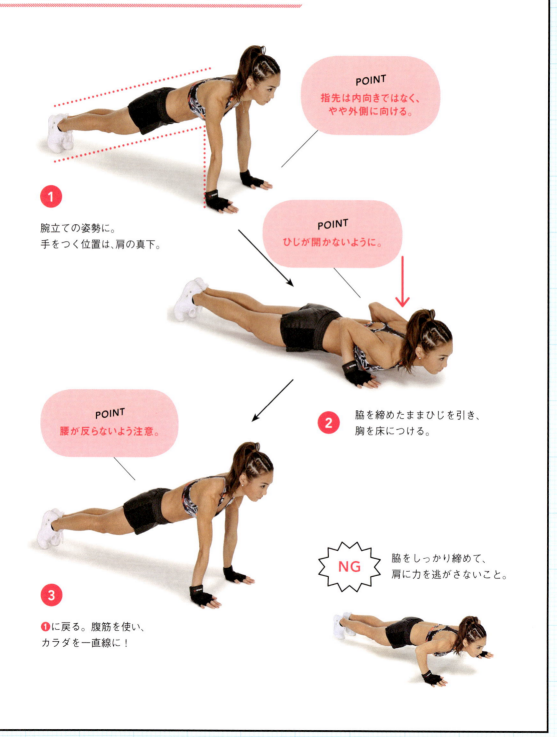

POINT 指先は内向きではなく、やや外側に向ける。

❶ 腕立ての姿勢に。手をつく位置は、肩の真下。

POINT ひじが開かないように。

❷ 脇を締めたままひじを引き、胸を床につける。

POINT 腰が反らないよう注意。

❸ ❶に戻る。腹筋を使い、カラダを一直線に！

NG 脇をしっかり締めて、肩に力を逃がさないこと。

"まずは自分自身を信じてあげて。あなたの中に眠っているヒーローが立ち上がるはず"

Jacket,Pants,Bra Top&Shoes_Reebok

3 Rounds of : 3 min EMOM

DVDをチェック！

WOD ❻
GO FOR IT!

Cardio｜有酸素
BURPEE｜バーピー
9 REPS

キツくなっても、腕立て×ジャンプを丁寧に

ひじを引き、胸を床に。
ひじは外に開かないで！

① 両足を肩幅に開きまっすぐ立つ。

② 膝を曲げて、両手を肩幅で床につく。**指先は内側でなく正面へ向ける。**

③ 両足で床を軽く蹴り、揃えて後ろに伸ばす。

④ 両腕の力を使ってカラダを押し上げる。

⑤ （※画像順）

⑥ 手をついたまま軽く床を蹴り両膝を前に。両足を開いて両手の手前で着地。**つま先立ちにならないように。かかとが床につかない人は、足を広めに開く。**

⑦ 立ち上がり、両手を上げてジャンプ。

NG
❹でひじが外側を向かないように、脇をしっかり締めること。

SCALE DOWN
HALF BURPEE｜ハーフ・バーピー
腕を上げるのはしっかり直立してから

① ② ③ ④ ⑤

①両足は肩幅に開きまっすぐ立つ。②膝を曲げて前かがみになり、両手を肩幅で床につく。③手はそのまま、両足で床を軽く蹴り、揃えて後ろに伸ばす。④手をついたまま軽く床を蹴り両膝を前に。両足を開いて両手の手前で着地。⑤立ち上がり、両手を頭の上で合わせる。

AYA's MEMO

バーピー、ライイング・ニー・レイズ、ジャンピング・ジャックの3種目の指定回数をそれぞれ1分以内で。これで3分間なので×3ラウンドで9分間のプログラム。制限時間1分のなかで指定回数を早く終えれば、次の種目を行うまでの休憩時間は長くなります。チャレンジするごとにスピードが上がって、休憩時間を増やせるようになるはず。

Workout｜筋トレ▶腹筋＆ウエスト
LYING KNEE RAISE｜ライイング・ニー・レイズ

12 REPS

下腹部を使ってカラダを折り曲げて

① 仰向けになり、両手は頭の上に。

② 両手のひらを内側に向け、反動を使って上体を起こすと同時に膝を持ち上げる。

③ さらに下腹を縮めるようにして背中を丸め、膝を胸に近づけて、両手をかかとのほうへ伸ばす。

④ 両腕、両脚を下ろして、床から少し浮かせた状態で1〜2秒キープ。❷に戻って繰り返す。足を浮かせるとキツいけれど、腰が反らないよう注意。

SCALE DOWN

LEG RAISE｜レッグ・レイズ
基本の腹筋運動に負荷をダウン

①仰向けになり、手のひらを下向きにしてお尻の下に置く。②脚をまっすぐ伸ばしたまま90°以上上げる。③お腹に力を入れながら脚を下ろしていく。④足は床につかないスレスレでキープ。また②から繰り返す。

"あなたの目の前にある「怖れ」や「魔物」はすべて夢への通り道。そうあなたはスーパーヒーロー"

Swimsuits_DIESEL
Sun visor_Dior
Bag_BALENCIAGA
Socks&Shoes_Reebok

10 min AMRAP

DVDをチェック!

WOD ❼ BEST OF YOU

Cardio | 有酸素
STAR JUMP | スター・ジャンプ
20 REPS

リズミカルに、JUMP、JUMP、JUMP！

❶ 足同士をつけてまっすぐ立つ。両手は太ももの横に。

❷ ひじを曲げ手のひらを正面に向けて上げるのと同時に、脚を開きながら小さくジャンプして着地。

POINT ジャンプは高くなくてよいのでリズミカルに。

❸ 小さく跳んで❶の基本姿勢に戻り、ふたたびジャンプ。

スター・ジャンプ、レッグ・レイズ、スクワット、プッシュ・アップの4種目をそれぞれ指定回数、順番に10分間でできる限り行いましょう。最初はゆっくりでもいいので自分のペースで行い、できた回数をカウントしておいて。次回チャレンジするときは、より多くの回数ができるように！

Workout ｜ 筋トレ▶腹筋&ウエスト
LEG RAISE ｜ レッグ・レイズ

15 REPS

腹筋の力で脚を上げて

1. 仰向けになり、手のひらを下向きにしてお尻の下に置く。
2. 脚をまっすぐ伸ばしたまま90°以上上げる。

POINT 腰は床につけたまま、反らせないように。

3. お腹に力を入れながら脚を下ろしていく。
4. 足は床につかないスレスレでキープ。また②から繰り返す。

Workout | 筋トレ ▶ 脚&ヒップ
AIR SQUAT | エア・スクワット

10 REPS

下半身に効く定番エクササイズをしっかりマスター

① 肩幅に足を開き、ややお尻を突き出すように立つ。

② 手を斜め上に上げて、さらにお尻を突き出していく。

POINT 膝はつま先より前に出ない。

③ どんどんお尻を落とし、膝の高さより下にくるまでしゃがむ。

NG 背中は丸めず、お尻が膝の高さより下にくるまで深く沈むこと。つま先ではなく、必ずかかとに重心を置く。

WOD ❼ / BEST OF YOU

Workout｜筋トレ▶二の腕&背中
PUSH UP｜プッシュ・アップ

5 REPS

定番の腕立て運動は脇を締めるのがポイント

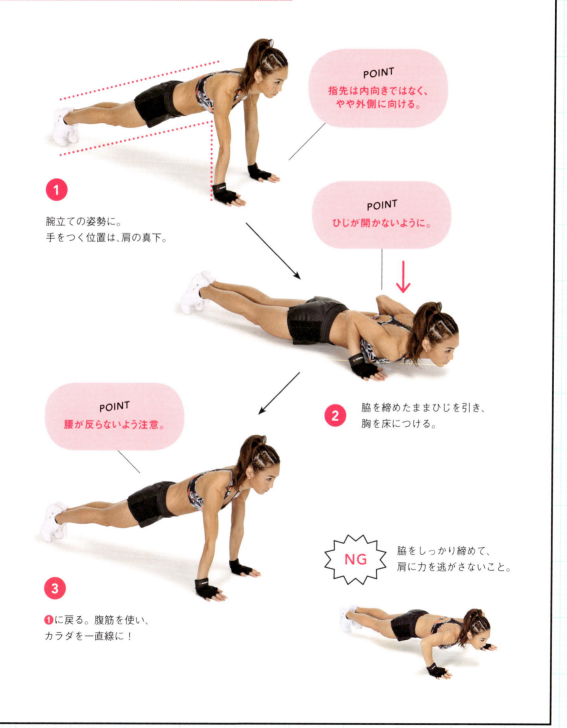

① POINT 指先は内向きではなく、やや外側に向ける。

① 腕立ての姿勢に。手をつく位置は、肩の真下。

POINT ひじが開かないように。

② 脇を締めたままひじを引き、胸を床につける。

POINT 腰が反らないよう注意。

③ ①に戻る。腹筋を使い、カラダを一直線に！

NG 脇をしっかり締めて、肩に力を逃がさないこと。

Time Cap : **10**min　*every **1**min → SUPERMAN PUSH UP **3**REPS

DVDをチェック！

WOD ❽
WONDER WOMAN

Work Out｜筋トレ▶脚&ヒップ
SUMO JUMPING SQUAT｜スモウ・ジャンピング・スクワット　**30**REPS

おすもうさんの四股をイメージしてスクワット

POINT
膝はつま先より前に出ない。

1. 両足を肩幅より少し開いて立つ。
2. 両手を上げて、軽くジャンプ。
3. 着地し、反対のつま先にタッチ。これで1回とカウント。
4. ふたたび両手を広げてジャンプ。
5. 着地し、反対のつま先にタッチ。これで2回とカウント。
6. 左右交互に繰り返す。

AYA's WORKOUT LIVE SPECIAL PROGRAM

AYA's MEMO

スモウ・ジャンピング・スクワット→アブ・バイク→バーピー→アブ・バイク→スモウ・ジャンピング・スクワットを30回ずつ順番に。ただし1分経つごとに、行っている種目を中断してスーパーマン・プッシュ・アップを3回。終えたら元の種目を続行。12分間の制限時間内にどこまでいけるかチャレンジ！ これができたらあなたも"ワンダー・ウーマン"に。

Work Out ｜ 筋トレ▶腹筋&ウエスト
AB BIKE ｜ アブ・バイク　　　　　　　　　30 REPS

右、左と、リズミカルに

① 仰向けになり、両手を耳のあたりに置く。

POINT
頭ではなく下腹部から
上体を起こすこと。

②
腹筋を使って上体を起こして右にひねりながら、右ひざと左ひじを近づける。左足は床から浮かせたまま。これで1回とカウント。

POINT
自転車を漕ぐように
リズミカルに
左右をスイッチ。

③
今度は上体を
左にひねりながら
右脚を伸ばし、
左ひざと右ひじを
近づける。
右足は床から
浮かせたまま。
これで2回とカウント。

WOD ❽ / WONDER WOMAN

Work Out｜筋トレ▶腹筋&ウエスト	
AB BIKE｜アブ・バイク	**30 REPS**

Work Out｜筋トレ▶脚&ヒップ	
SUMO JUMPING SQUAT｜スモウ・ジャンピング・スクワット	**30 REPS**

every 1 min ／ 1分経つごとに、行っている種目を中断して行って！

Work Out｜筋トレ▶二の腕&背中	
SUPERMAN PUSH UP｜スーパーマン・プッシュ・アップ	**3 REPS**

スーパーマンが飛ぶポーズをイメージ

❶ 腕立ての姿勢から。両手は肩の真下。
指先は内側ではなく正面に向ける。

❷ 脇を締めたまま両ひじを引き、胸を床に。
ひじが外に開かないように。

❸ 胸を浮かせて両腕を前に伸ばす。両手は床につかない。

❹ 両手を胸の脇につき、❷の姿勢に戻る。

❺ 腕を伸ばして❶の姿勢に戻り、繰り返す。

NG
手をつく位置が肩幅より開かないように。脇はしっかり締めること。

12 min EMOM： SETS 1-2-3-4-5-6-7-8-9-10-11-12

DVDをチェック！

WOD ❾

SURVIVAL

Workout ｜ 筋トレ ▶ 脚&ヒップ
SUMO JUMPING SQUAT ｜ スモウ・ジャンピング・スクワット

しっかり深くスクワット

① 両足を肩幅より少し開いて立つ。
② 両手を上げて、軽くジャンプ。
③ 着地し、反対のつま先にタッチ。これで1回とカウント。
POINT 膝はつま先より前に出ない。
④ ふたたび両手を広げてジャンプ。
⑤ 着地し、反対のつま先にタッチ。これで2回とカウント。
⑥ 左右交互に繰り返す。

AYA's MEMO

スモウ・ジャンピング・スクワットとクライマー・プッシュ・アップのセットを1回ずつ1分以内で、それぞれ2回ずつを1分以内で……と、1分間に行う回数を1回ずつ増やしていって12分間。2種目の指定回数が終わったら、次の1分間のセットまでは休憩。だんだん休憩時間が短くなっていくのでキツいはず。1分で12回ずつできるまで生き残れるか!?

Workout｜筋トレ▶二の腕&背中
CLIMBER PUSH UP｜クライマー・プッシュ・アップ

ロック・クライマーに腕立ての動きをプラス

SETS 2-4-6-8……　12 min AMRAP

DVDをチェック！

WOD ⑩

STRONGER

Cardio｜有酸素
BURPEE｜バーピー

着地のときにしっかりかかとがつくように

① 両足を肩幅に開きまっすぐ立つ。

② 膝を曲げて、両手を肩幅で床につく。

③ 両足で床を軽く蹴り、揃えて後ろに伸ばす。

④ ひじを引き、胸を床に。**ひじは外に開かないで！**

⑤ 両腕の力を使ってカラダを押し上げる。

⑥ 手をついたまま軽く床を蹴り両膝を前に。両足を開いて両手の手前で着地。**つま先立ちにならないように。かかとが床につかない人は、足を広めに開く。**

⑦ 立ち上がり、両手を上げてジャンプ。

NG

④でひじが外側を向かないように、脇をしっかり締めること。

AYA's MEMO

バーピー、スクワット、ツイスト・アップの3種目のセットをそれぞれ2回ずつ、4回ずつ、6回ずつ……と2の倍数ずつ増やしていき、12分間でできる限り行いましょう。理想は12回ずつのセットまで辿り着くこと。最初は少ししかできなくても、何度か挑戦するうちにできなかった回数をクリアし、強くなった自分を発見できるはず。

Workout | 筋トレ ▶ 脚&ヒップ
AIR SQUAT | エア・スクワット

つま先立ちにならないよう、しっかりお尻を落として

FRONT

① 肩幅に足を開き、ややお尻を突き出すように立つ。

② 手を斜め上に上げて、さらにお尻を突き出していく。

③ どんどんお尻を落とし、膝の高さより下にくるまでしゃがむ。**膝はつま先より前に出ない。**

NG

背中は丸めず、お尻が膝の高さより下にくるまで深く沈むこと。つま先ではなく、必ずかかとに重心を置く。

WOD⑩ / STRONGER

Workout | 筋トレ ▶ 腹筋＆ウエスト
TWIST UP | ツイスト・アップ

つま先にタッチできなくても、ギリギリまで起き上がって！

POINT
頭をこぶし1つ分上げる。

POINT
つま先にタッチできなくても、ギリギリまで起き上がって。

① 仰向けで、両手は頭の下。両脚を90°に上げ、視線はつま先に。

② 上体を起こしながらひねり、右手で左のつま先をタッチ。これで1回とカウント。

③ ①の姿勢に戻る。

④ 今度は左手で右のつま先をタッチ。これで2回とカウント。

"あなたの船が目的地に着く日には、
あなたの苦い旅も挫折もきっと
素晴らしい思い出になる。
そのまままっすぐ進むだけ"

Swimsuits_Victoria's Secret
Shoes_Salvatore Ferragamo

MESSAGE from AYA

誰だって幸せな時には幸せな事を考えられますし、ネガティブな時はネガティブな事ばかり考えてしまいます。そんな時は"自分自身に耳をすましてみて。あなたの感じている事やあなたの心"。
そして最も大切な事は"自分の夢"を信じること。
これからのあなたの使命は、今までの眠りから目を覚まし今自分の周りをとりまく状況に関係なく、しっかり「目標」を持ち、それを追求する情熱を持ち続け前へ進むということ。
そして私の夢は「日本総フィットネス化」。その夢を目標へそして現実へと変えていく真最中。
2018年から始動した"AYA's WORKOUT LIVE"。このライブを通じ小さな所〜大きな所まで"日本中駆け巡り、ライブ会場でそんなみんなの夢をシェアしていきたい。沢山の出会いは私の宝。
　みなさんにお会い出来るのを楽しみに致しております！

AYA

1984年生まれ。クロスフィットトレーナー。Reebok Brandアンバサダー。体育会系大学を卒業後、フィットネスインストラクターとなり、同時にモデルとしても活動。現在「Reebok CrossFit Heart & Beauty」で、トレーナーとして、モデル・タレントをはじめ、男女を問わず体への意識の高い多くのクライアントを担当し、絶大な信頼を寄せられている。TV・雑誌などで活躍するほか、「日本総フィットネス化プロジェクト」を掲げ、全国でワークアウトイベントも精力的に行う。著書に『AYAボディメソッド』『AYAボディメソッドBASIC』『AYAトレ30日チャレンジノート』(講談社)ほか。

STAFF

デザイン_
吉田憲司+伊東沙理佳
(TSUMASAKI)

カバー・ファッション撮影_
藤里一郎

ワークアウト撮影・動画撮影&編集_
林 桂多(講談社写真部)

ヘア&メイク_
深山健太郎

DVD音楽_
Paul Ballard

マネージメント_
前田正行、田中 亮、諸田康秀(YMN)

DVDプレス_
イービストレード

DVD付き
AYA's WORKOUT LIVE 公式テキストブック
AYAトレの教科書

2019年7月4日　第1刷発行

著	AYA
発行者	渡瀬昌彦
発行	株式会社講談社 〒112-8001 東京都文京区音羽2-12-21 販売 ☎03-5395-3606 業務 ☎03-5395-3615 ディスクサポートセンター ☎0120-500-627 10:00〜17:00(土・日・祝日を除く)
編集	株式会社講談社エディトリアル 代表: 堺 公江 〒112-0013 東京都文京区音羽1-17-18 護国寺SIAビル6F ☎03-5319-2171
印刷所	大日本印刷株式会社
製本所	大口製本印刷株式会社

＊価格はカバーに表示してあります。
＊本書のコピー、スキャン、デジタル化などの無断複製は著作権上での例外を除き禁じられています。
本書を代行業者などの第三者に依頼してスキャンやデジタル化することは、たとえ個人や家庭内での利用でも著作権法違反です。
＊DVDの破損および不具合に関するお問い合わせは、ディスクサポートセンター宛にお願いいたします。
＊落丁本・乱丁本は、購入書店名を明記のうえ、小社業務宛にお送りください。送料小社負担にてお取り替えいたします。
＊この本の内容についてのお問い合わせは、講談社エディトリアルまでお願いします。

©AYA 2019 Printed in Japan　N.D.C.780.7　63p 25cm　ISBN978-4-06-516548-5